イトイ書店
HOSHI NO
ASAI
SAEKI BOOKS
多田
みかん

ゆき
明日から
小学校だね
たのしみ
だね
学校に
行ったら

まわりの人に
やさしくね
うん
泣かない！
ひぃぃ
つよい！

ハハハハ
おもしろいなあ
なにそのかお
ハハ
ちょっと ぎこちないけど
緊張しい だからかねえ
…
ごめん ごめん

ゆき、それ終わったら
おばあちゃんに電話ね
うん
おばあちゃん
あらゆきちゃん
ランドセルありがとう
いいのよ明日から学校だね

お友だち
できそうかな
…
わかんない
ゆき

お母さんも
ここに入って学校に行こうかな
ランドセルの中にこうやって
いやーあ
はいんない！

パチ
お母さんもね
明日から新しいとこで働くの
ゆきとおんなじ

ともだち
できると思う？
…できる

…よかった
おかあさん
はやくー
ごめん
ごめん
バタ
バタ
もうー

…
ゆきちゃん

お母さんのカバンの中入ってく？

だから
ハハハハ
はいん
ないってばー

そうだよね

イー
ヒヒヒ
イー
よし
ガチャ
いってきます

やさしく、
つよく、
おもしろく。

ガサ
久しぶりに
飲んだな
ビール

みんな
いい人だったな

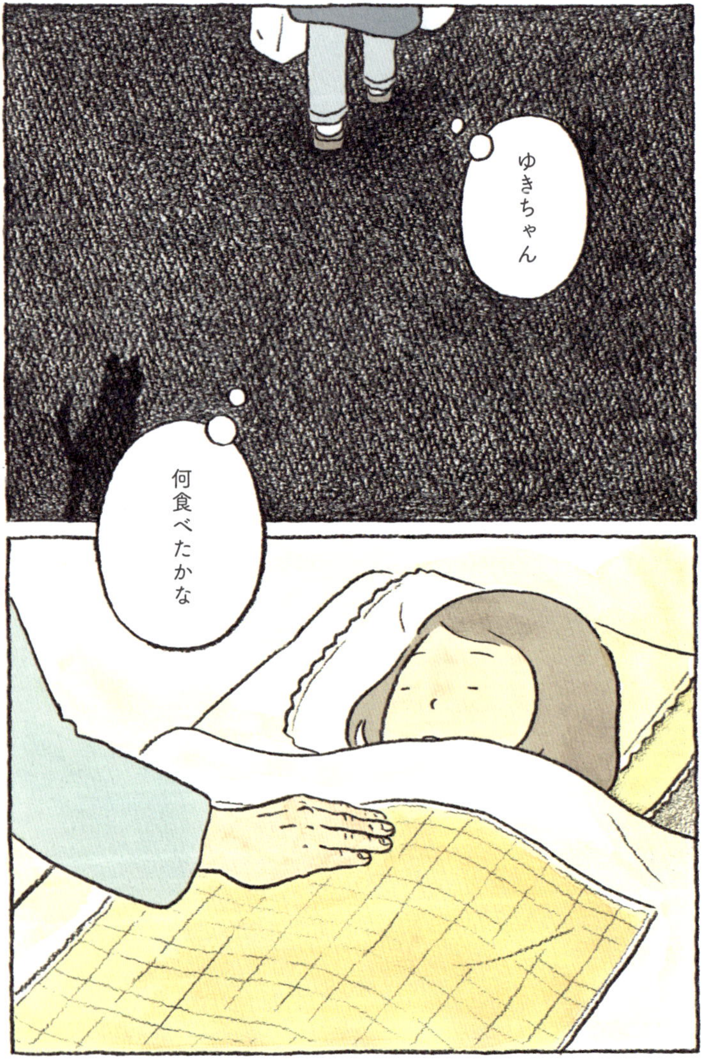
ゆきちゃん
何食べたかな

「ひとりぼっちだなぁ」という感覚は、
きりきりっと寒い冬の夜の、
北極星の光のようなものじゃないのかなぁ。
そのほのかな光が見つけられてないと、
じぶんがどこにいるのかわからなくなっちゃう。
「ひとり」が、まずはすべてのはじまりです。

※ことばは糸井重里の著作からの引用です。
出典元は255ページにあります。

ちょっと時間
かかるかもね
セミ
8月10日
きょう、
先にお風呂
入ったら

どう？
変わってないねー
もうー
お風呂入ろう、
ゆきちゃん

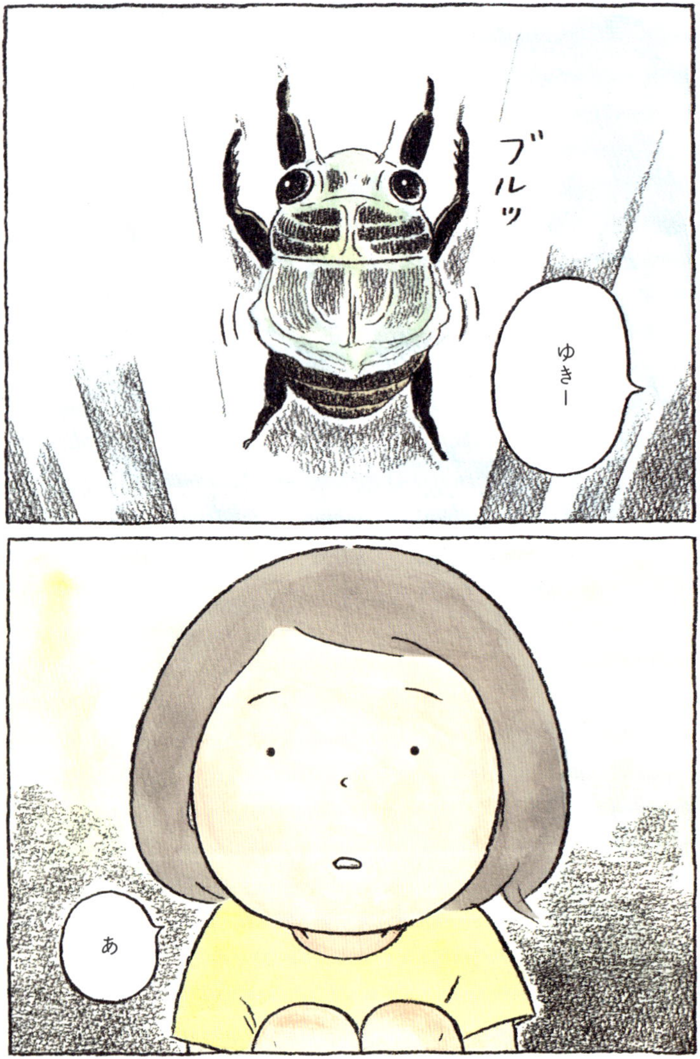
ブルッ
ゆきー
あ

ちょっとずつだけ、ちょっとだけ変わる。
変わってないんじゃないかと思えるような時期もある。
うわぁ、すっかり変わっちゃったと思える日もある。
行ったり戻ったり、足踏みしたりしながら、
あるとき「もう、変わったって言っていいんじゃないか」と、
印をつけたくなるような時が来る。

ほんとに話したかったのは

こないだ ピンクのズボン はいてたよ
ピンクはおんなのこ のいろだよ
さいきんは だれだって ピンクきていいんだよ
ヒュウ
そうなの?

キンモクセイのにおい！

ほんとに話したかったのは、そのことじゃないんだ。
だったら、最初から、
そういう話からはじめればよかったのだけれど、
ともだちとしゃべっているような順番で、
こういう話をしてみたかったのだから、
しょうがない。

ちかちゃんの
おべんとう、
サンドイッチだー
フルーツサンド
もはいってる!
いちごと
パイナップルだよ

クマさんになってる！
おかあさん、こういうのとくいなの
かーくんのおべんとう、おみせやさんみたい
ゆきちゃんのおいなりさんも、おいしそう！
わあ

ゆきちゃん、
おはよう
えんそくは？
遠足は
来週！
たべときゃ
よかったなあ

ああ、ほめあって生きていきたい。
これは、ぼくの最大の夢だ。

青春は

ハハハ
このまま、どっかいこう!
いや〜 でもそろそろ帰ろっか
ええええええ〜〜

どんどん暗くなるし
ええええええ〜
…夜ごはんは？
いいからだまってついてきて！

あなたは、何歳でしょう。
もう青春は終わってますか。
それとも現在進行中ですか。
青春は、何歳のこころのなかにも、
ちょっとありますよね。

お母さんにくれるの？

うれしい！ありがとう

えーと
1かいだけ
うちゅう
じんと
こうしん
できるけん

さっそく使っていい？
ガタ

ピ
どう
なっちゃうの？

ガ～
イ～ツ～モ～
ア～リガト～ウ

ありがとうを送り出す口もなかなかいいけれど、
ありがとうを受け取る耳だってとてもいいもんだぞ、　おい。

星野さま
こんばんは。
夜分おそくにすみません。
お返事ありがとうございます!
すっかり寒くなってきましたね。
どうしても…
カタ
カタ

カタカタ

おかあさん
カタカタ

ねないの？
寝よっか

ひとりでいるときの顔が想像できる人と、
ひとりでいるときの顔が想像できない人とがいる。
ひとりでいるときの顔が、想像できない人とは、
どうにも仲よくなれそうもない。

「ともだち」の定義とはどういうものか、
とあらためて問われたら、
人によって、ずいぶんちがった答えになるでしょうね。
「ぼくは、すっごくいっぱいともだちがいてね」
と言う人の孤独だって、想像できます。
「わたしには、ともだちがいない」
と泣いている人のことを、
大事な「ともだち」だと思っている人も
いるかもしれない。

あのね
かーくんがね
うん

なつやすみに おとうさんと いちにち すきなことして あそぶんだって

なにしても いいんだって
ゆきちゃん だったら 何したい？
え〜〜〜… まようなあ〜

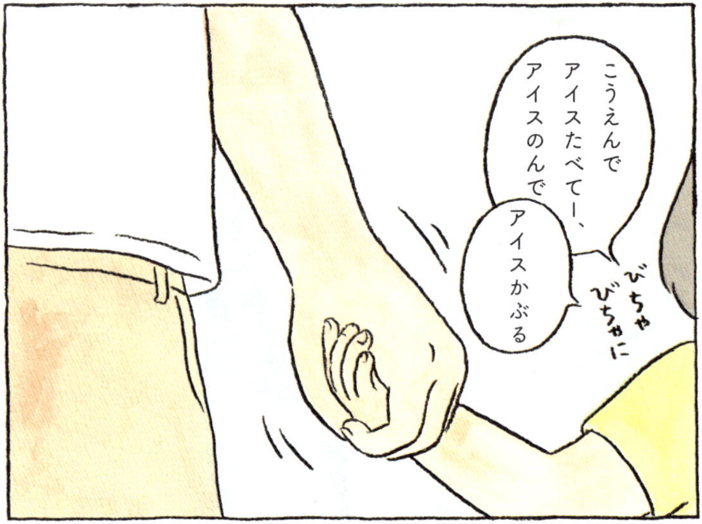
こうえんで
アイスたべてー、
アイスのんで
アイスかぶる
びちゃびちゃに

いいよ！
アイスかぶろう！
ハハハ

おとなになるのは、こわかったけれど、
こどものままでいるよりは、ずっとましだった。
おとなになって、ほんとによかった。
もっと早く、おとなにしてもらえればよかった。
でも、それはそれで、さみしいことなんだろうな。

美しいもの

おぼえてないんだけど！
そりゃそうだ
かわいかった？こんくらい？
そういうときもあったねえ

うれしかった?

…うれしかったよ

美しいものなんて、ない。
そう思っている人のところへ、
突然降ってくるんだ、空から。
そうさ、美しいものがね。

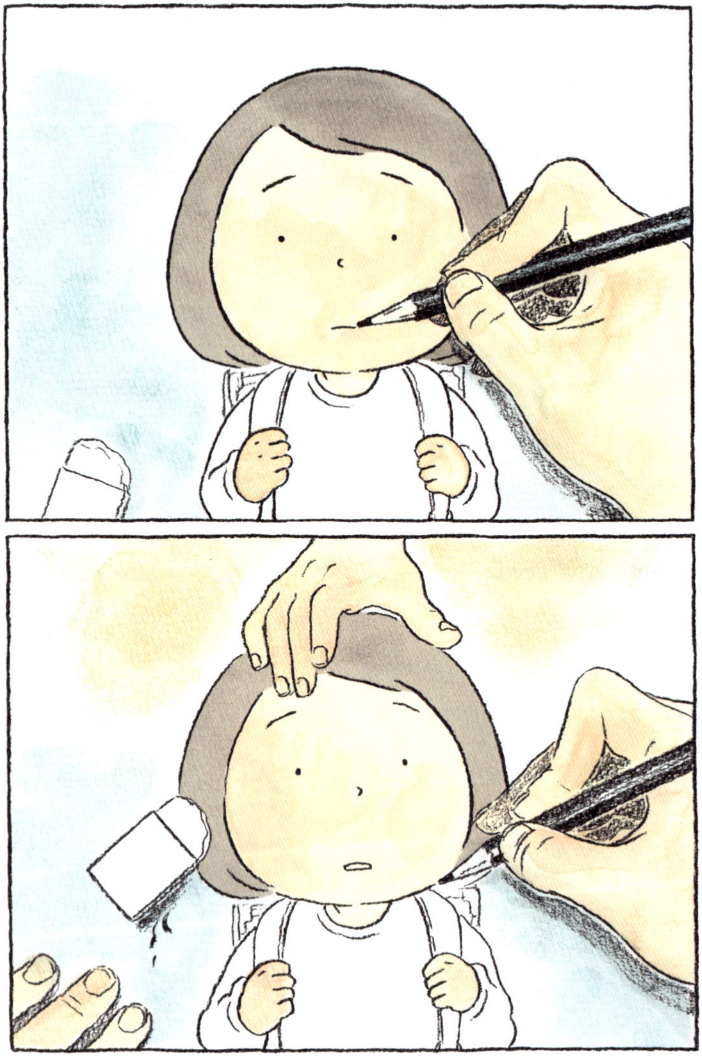

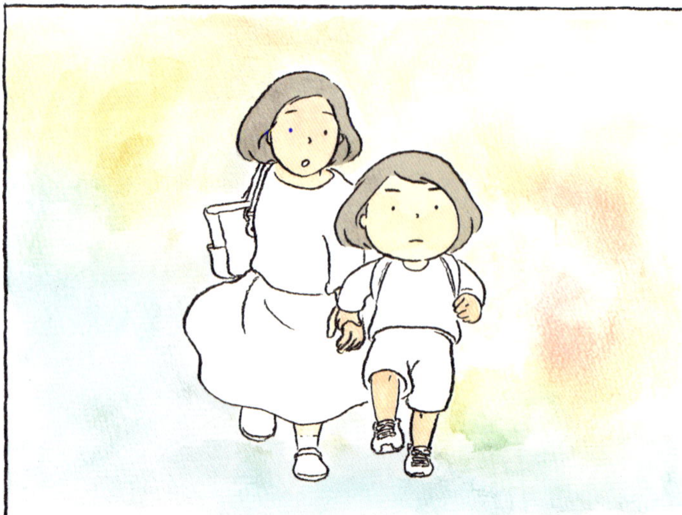

じぶんのなかの、こどもと大人が、
助け合って進むんだぜ。

あれ
この件
詳しいんだっけ?
すみません
勉強します!

とけい
わかるひとー
はーい
はーい
はーい
はーい

せんせー
ゆきちゃんがちがうことやってます！

わからなくなったら、口角をあげろ。

おにいちゃんのように

ワンちゃんと
暮らすって
たいへんなの
里親譲渡会
うっ
なんで
ここに一人でいたら
かわいそうでしょう

だって
ピッ
う
泣くもんか

「はじめてのおつかい」における、
おにいちゃんのようでいたいものだ。
もうちょっとつついたら、
目からざぁっと涙が流れ出そうなのに、
妹が泣いているから、ぐっとこらえてるんだ。
ふたりとも泣いていちゃ、どうにもならないからね。

寝ちゃう

こわい…
大丈夫
ねむれなかったら
どうしよう
チッ
チッ

ねむれなかったら
あしたがっこう
いかないから!
はいはい

スー

アイディアがほしいときにも、
悩みがあるときにも、悲しいときにも、
そういえば、ぼくは「寝ちゃう」ことで凌いできました。
すごいでしょう！
もちろん、ただ眠いときにも、ね。

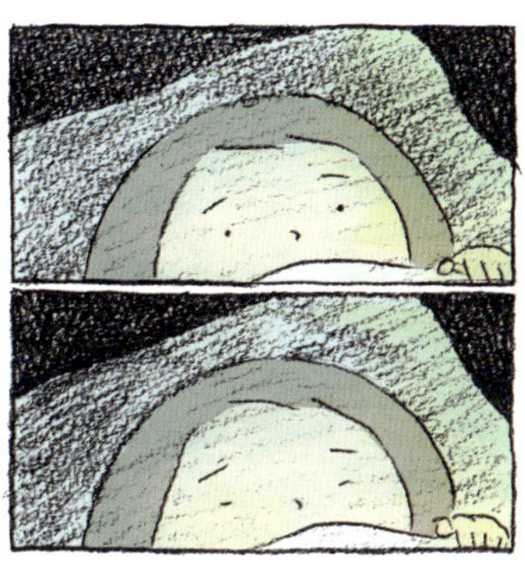

ゴォォォ
ジュ～
トントン

ガラガラ
な〜

カンカンカン

チャリ

ハハハ
チュン
チュン

いちばん大事なことっていうのは、
基本的に「みんなが持てるもの」のなかにあるんだと、
ぼくは思っているんです。

寝てていいんだよ
うんてんがしんぱい
大丈夫だって

星？

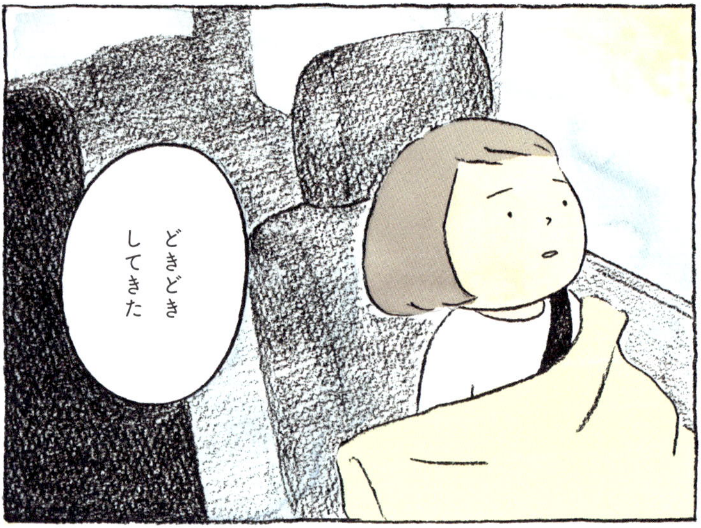
どきどき
してきた

憶えていようと思ったわけでもないのに、
忘れないことは、いっぱいある。
なんでも、
こんなに憶えているものなんだと知っていたら、
もっと丁寧に生きてこられたのかもしれない。

まだ名付けられていない肯定的な感情

またいつでも会いに来ていいからね

あの子もよろこぶと思うし

うわあー!
ハッ
はしるの
はやいね!

たのしい、おもしろい、うれしい。
そして、まだ名付けられていない肯定的な感情。

おかあさん
ごはんおいしい！
たきかた
かえた？

うんこだから ちょっと あけるから
しめて
ボコ
スー
ねむい～

おかあさん
さきに
いってるから!
タッ
タッ

きょうのよる
カレーがいいから!
バタン
ガチャ

三度三度のめしを、よく噛んで、おいしく食べて。
決まった時間に気分よくうんこして、
たのしみのひとつとしてお風呂にゆっくりつかって、
よく寝て、すっきり起きて、
いつもおだやかに笑顔でいるような人に、
だれも勝てるとは思わないほうがいい。

わたしのなまえは、ゆき
よるになるとムーンライトゆきにへんしんするの

やさしく、つよく、
おもしろく！
つきよの
トラブルメーカー
ムーンライトゆき！

え〜と
またあした

ここまで長いことつきあってきた「じぶん」は、
誰にも渡せないし、誰のものでもないよ。
今日も明日も、ぶかっこうな「作品」として、
さらに取りかえられないものになっていく。

てらだくん（描きおろし）

月夜のトラブルメーカーニャーコ
やさしく、つよく、おもしろく！
ヤーッ
…
ジャラ
それおもしろい？
コク

またぶつけちゃった…
ドジな魔法がこわいわ…
ちょっと待った
アントニオ!
なによ
デカイわね
じぶんが傷つくのが
イヤなだけだろ
オレにぶつけてもいいから

思いっきりやれ
ニャーン
パチパチパチパチ
パチパチパチ
パチパチ
パチパチ
パチパチ
…
ほら
ミカンあるよ

「良薬は口に苦し」って、思いこまされてるよね。
好きなものはおいしいし、ちゃんと栄養になるし、
もしかしたら、好きなものをつくる人にもさせてくれる。

4-5 WED 22:35
ゆき
みんな元気？
うん

一年
早いもんだねえ
こうかん
にっき

楽しいみたいだよ
ハハハ

うん

だいじょうぶ
だよ

誰かに「ちゃんとめしは食ってるかい」と言われたら、
もしかすると、どんな助言よりも心に届くかもしれない。

目をじぶんから離さないと

パ
みぎ
ひだり
もっと とおくへ
もっと

じぶんはどうあるべきか、
じぶんに足りないところはどこか、
じぶんの道はこれでいいのか？
そういうことを考えることは、悪いことじゃない。
だけど、目がじぶんに向いているうちは、
ふらふらと不安定でしかいられないんだよなぁ。
目をじぶんから離さないと、力は出せない。

ゆきねー
やきゅうチームに
はいったんだよ

おとうさん

ボールがへんなとこにとんでっちゃうの

こないだ
てらだくんにぶつけた!
バシ

見えないものとか、
聞こえない声だとか、
あえて言ってないこととか、
うまく言えないままのこととか、
そういうことのほうが
ずっと多いのだということを、
ぼくたちは忘れそうになる。

やみくもに変わろうとするな

あと トイレのドア
閉めるように なったね

え
それだけ？
だいじなことだよ
ちょっともっとあるでしょオ

やみくもに変わろうとするな、君よ。
いいところもあるのに。

カッパは待っている

カッパって
なにたべるの
キュウリ
このあたまに
のってるのは
おさら
…へんなやつ

そんなのがいたら
ともだちになるのにな

おれも

じぶんがカッパだとしたらさ、
川のほとりにしゃがみこんで、
なにを待つと思う？
カッパだよ。
じぶん以外のカッパを待つと思うよ、
さみしいからね。

夢は、ほらに似ていて

おとうさんも野球やってたもんね
あ！

おかあさん
そらのくもが
あいすくりーむ!

夢は、ほらに似ていて。
ほらは、うそに似ていて。
うそは、悲しみに似ていて。
悲しみは、夢に似ている。
どれも、ぜんぶちがうはずなのに。

が
ば
ん
れ

「がんばれ」って、意味じゃなくて、
その（「がんばれ」という）声なんだと思うんです。

おかあさん（描きおろし）

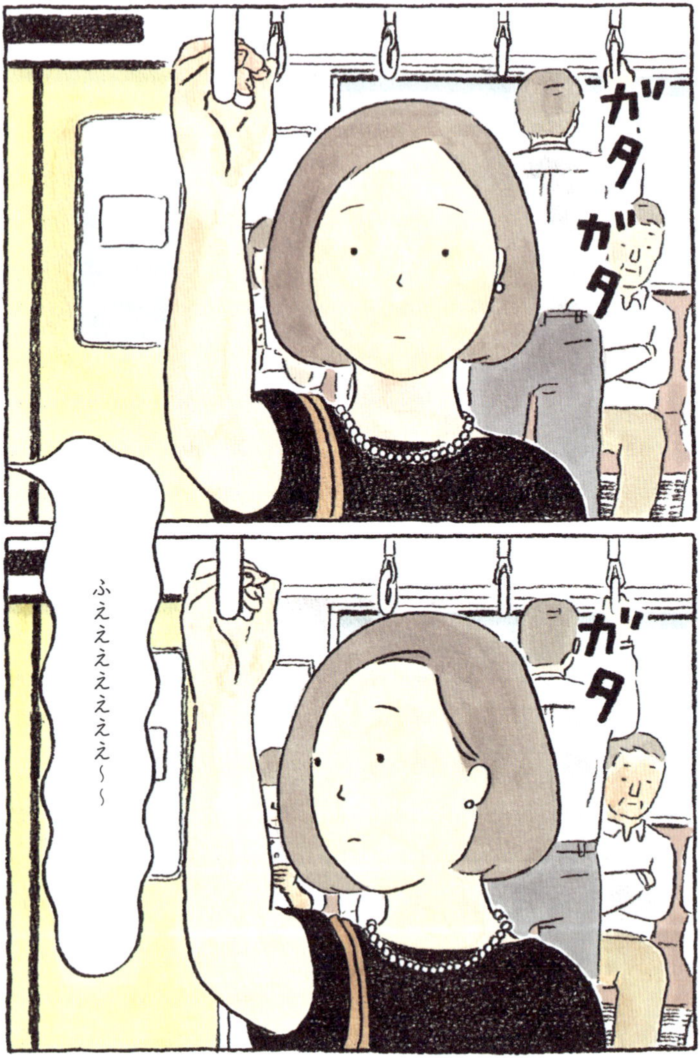

ふええええええええええええ
よしよし
ふええええええええええ〜〜
がんばろうねー
ふえええええ〜

がんばれ がんばれ
―――駅 ―――駅
お降りの方は お忘れ物の ないよう
ご注意 ください

「がんばってください」と声をかけられるのが、
とても苦手だった時期があった。
いまは、「はーい!」とか「おお!」とか応える。
平気ってのは、いいよ、快適だ。

おとうさん!
ピ

がががが
ピンポーン
グローブ
もってきた
うん

きのうねー
ふたチームにわかれて
しあいしたんだけど
せんせいが
あいてチームに
はいって
かてるわけないでしょ？
そしたら
ようむいんのおじさんが
はいってくれて

…
なんとか
ひきわけに
なったの
もう
びっくりした
んだから！
キャハハ

ねえ
おかあさんも こっち
グローブ はずすから

好きも嫌いも、あまり穏やかなものではない。
好きも嫌いもないのに、気持ちよくつきあえるというのが、
きっと、ほんとうはいちばん上等なのだろう。
そうは考えていても、好きやら嫌いやらが、残る。

まずは、ボールだ

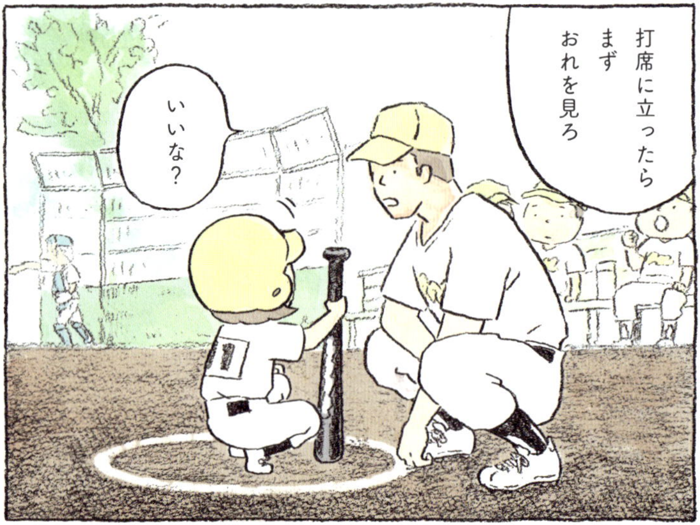

ブン
ああ〜
ダメだ
頭真っ白だ
ブン
ツー
ストライク

ゆき
よく見ろ

あなたにいま必要なのは、
ボールを蹴ること、ボールを投げることです。
目はルールブックを読むんじゃなくて、
ボールの飛んでいった先の空を見るためにあるんです。
ボールは、すべてのはじまりです。
もういっそ、あなたがボールになりなさい。

なつやすみ
ミーン
ミーン
おわっても
いいかも

ゆき
スイカ
あるよー

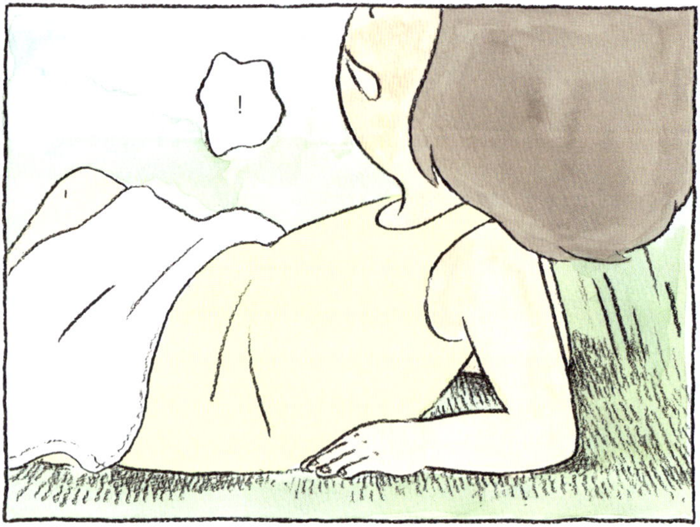
!

まだ
まだっ！

おもしろくない世の中を嘆かず。
なぜなら俺のせいだから。

なんども、思う

どした？
ゆき

どうした
どうした

どうしたの

なんども、思う。
人の気持ちの、ひとつだけの基本は
「さみしい」なのだろうと思う。

ゴホ

プツ
スウー

なにができるからよい、なにをしたからよい、
というようなこととなんの関係もなく、
「ただいること」がよいとされることを、
ほんとうは誰もが望んでいる。
be動詞の、「be」の状態で肯定されること。
誰よりもじぶん自身からよしとされること。

誕生日も結婚記念日も

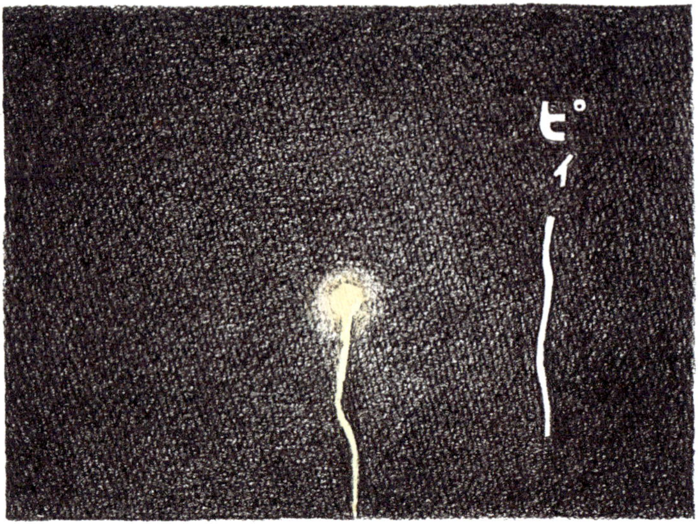

おー
きれい
パラ
バラ
ピィ〜〜
あ
今日って
ドー

バラバラ
なんのひ？
ピィ〜
なんだっけ
忘れちゃった
ドーン

誕生日も、結婚記念日も、忘れてかまわない。
ほんとうです。ほんとうに、ほんとうです。

そのさみしさを

キャンプ
いった
なつ
まつり
はなび
たいかい
ナイト
プール

スイカ
たべた
あんず
あめ
イカ
やき
メロンは？
かきごおり
だよ
アイス
クリーム！

あ

夏の出口あたりで半べそをかいてうろうろしてる
さみしがりやの小学生たちに、言ってやりたい。
もっと味わえ、そのさみしさを。
どうにもならない無力感やら、孤独やらと、
よくかきまぜて、時間をかけて味わいたまえ。

ガタタ
あらー

かわいいですね
四ヶ月です
ガタガタ

ゆき近い近い
ありがと

お姉ちゃんやさしいねって
あー

いいこいいこ

愛がゆえにやさしくされることだって、
たくさんあるだろうとは思うのだけれど、
ぼくが言いたいのは、それじゃないやさしさのことだ。
愛がなくてもやさしくできること、
愛がなくてもやさしくしてもらえることの、
とんでもないありがたさだ。

ちかちゃん
ゆき

おこってるかな
あんまり食べてないね

ゆきの好きなハンバーグだよ
おいしくなかったかな
あのねちかちゃんにね
わるいことしちゃった
どうしようおかあさん

どうしよう
おいしくないよう
うん
そうだよね ゆき
ちかちゃん
ごめんね

こころなんてものがあるから、めんどくさい。
みんなが、それで苦しんでじたばたしているのだが、
どんなにすかっとしたくても、割り切っちゃだめだ。
こころの面倒を、引き受けないと、いけないんだ。

ちかちゃん（描きおろし）

…
ゆきちゃんってね
すごく「くいいち」はってるの
プリン
てらだくんのぶんのプリンをたべようとするの
だからわたし…
ハッ
それはよくないね
ちかちゃんプレゼント

…ゆきちゃんと おそろい
イヤだった?
ぎゅう
おかあさん
ゆきちゃんに でんわしても いい?
プルルルルル
プルルルルル

百足《むかで》は思った。

じぶんの数えきれない足を見つめて思った。

「多すぎる。おれも思うし、みんなも思っている。」

しかし、百足はじぶんの足をなんともせずに、

そのまま生きて、やがて土に還った。

多すぎるのかな、と考えたことも思い出になった。

きゅうしょくだ
おなかすいたー
おおー
おおめでおねがいします
プリンだプリンだ
デザートはプリンだ
プリン
おおおー

おいしかったー
きょうやすまなくてよかったー
プリンたべないの？
いえでたべる
えええ

…
さめちゃうんじゃない？
かして
ダメ

「あとあとのために、とっておこう」というのはいい。
でも、その「あとあと」が、あんまり後になると、
おいしくもたのしくもなくなってしまう。
なんでも、さめないうちに食ったほうがいいんだ。

ふゆになったら ゆき ふるかなあ
いっぱい つもるの みたいなあ

…
…また みたいなあ
まっしろ で
さむくて

めつぶると みえる
ふふ
ほんとに?

満開の桜舞う道、入道雲の湧く海、綿をかぶった家並み。
いまじゃない季節は、みんな平凡に美しい。
いまの季節は、飾りようもなしに、この目に見えるもの。

まんなかに
なげる
ぽて

あー…
ごめんね
あのさー
またおれに
ぶつけても
いいよ

パシー
だから
ノーコンでも
おもいっきりやれ

誰も負けない、傷つかない、誰も泣かないなんてこと、
先に考えてどうするんだ。

ここ
こわい
まっくら
だもん
そう?

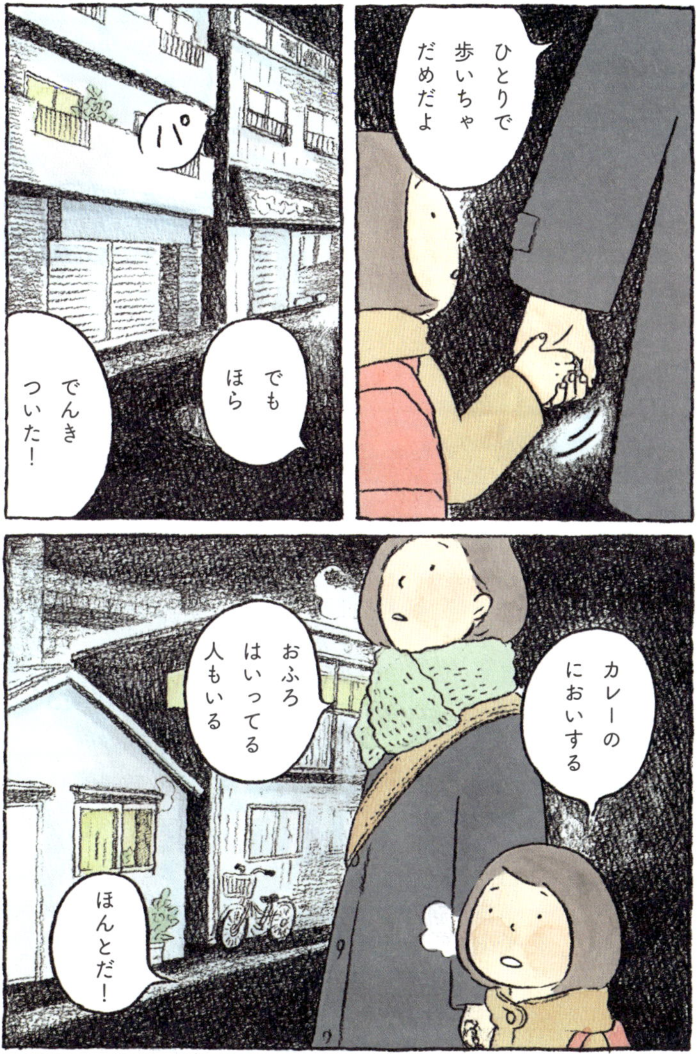
ひとりで歩いちゃだめだよ
パ
でもほら
でんきついた!
カレーのにおいする
おふろはいってる人もいる
ほんとだ!

こわく
ない
ハハ
パ
アハハ
ニー
みんな
ありがとー

暗闇なんかない、「想像力」があれば。

西口
ザワ
ザワ
ザワ
ザワ
おとうさん！

おとうさん ないてたの？
ザワ
泣いて ないよ
笑って たんだよ

よかった

ねえ
あした
なにして
あそぶ？

あらゆるものごとは生きもので、
遠くに見てるときと近くで見てるときは、
ちがうものにも見える。

おかあさん
みて！

まっしろ！
ゆきが
いっぱい

おとうさん まど あけていい？
さむいよ
いいでしょ ちょっと くらい
ひゃあ！
ガー

誰かがよろこんでくれる、ということがなかったら、
すべてがそろっていても、なにがたのしいだろうか。
誰かがよろこんでくれる、ということがなかったら、
ほんとうにうれしいことなど、なにもない。

野球見に行けなくてごめんな
だいじょうぶだよ
ゆききんちょうしいだし

ゆきなら
きっと できるよ
ごめんな
ぐっ

おとうさん!
キャッチボールしよう

伝わらないことが、たくさんあって、ほんとによかった。
伝えにくい荒野の面積が広大であることは、たぶん希望だ。

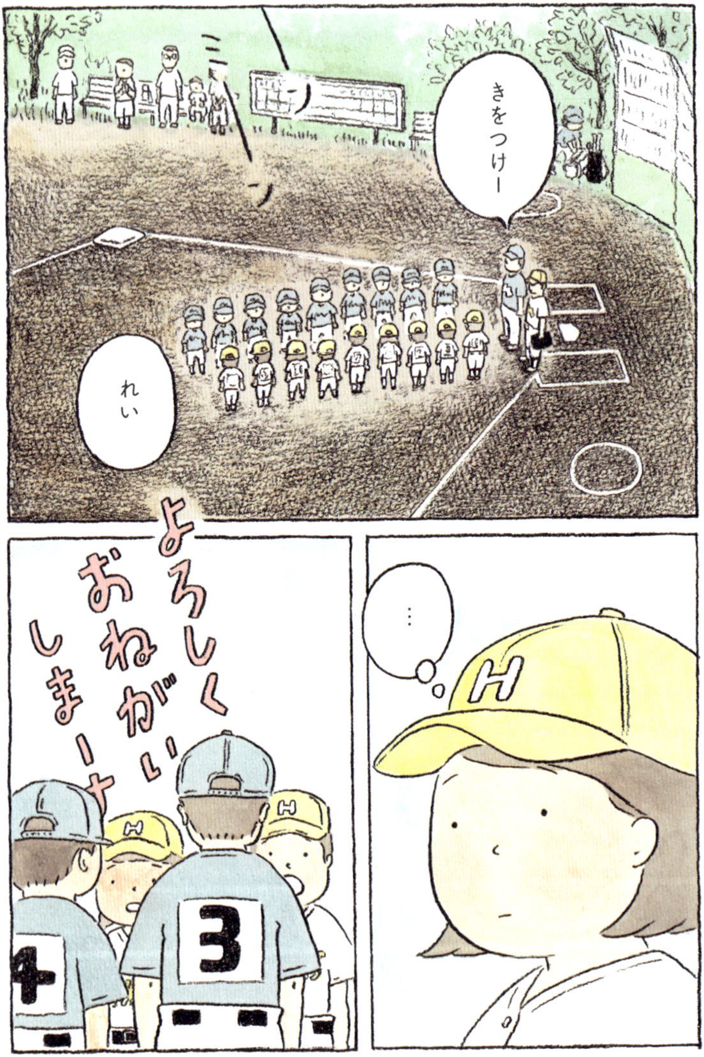
きをつけー
れい
よろしくおねがいしまーす
…

きんちょうするね
へいきだよ
おーい
しまっていくぞー

うん
しまっていこう
ケツもしまっていこー
やめて
よわき
しまっていこう
オー
ワー

弱気と勇気は両立するものである。

がんばれ
ワ
ゆきー！
がんばりなー！
ミーン
ミーン
8 9 計
Fighters
ワー
だいじょうぶ

ゆき
おちついて いけ
おとうさん いってたもん
ゆきなら できるよ

キン
サヨナラホームランだ!

「さよなら」という瞬間には、
まだ「さよなら」はできてない。
そのことばを、たがいに聞いているからね。
「さよなら」を言い合う場面では、
「さよなら」をするものたちが、
見つめ合っているのかもしれない。

ゆきちゃん なにに する？
ザワ ザワ
12月7日(水)
しょうらいの ゆめ
ねえ
やきゅう せんしゅで いいかな
きくなよ

ケーキやさんかな
それいい！たべたい
がっこうのせんせいにしよう
おれやっぱりナイトプールの
しょうらいのゆめ
…

なんだか、未来のじぶんが、
「そこのところを覚えておけよ」と、
言ったのかもしれないです。

じぶんが誠実かどうか

おてつだいと
べんきょうと
やきゅうを
がんばります
ガラン
ともだちと
たくさん
あそびます
おかあさんを
わらわせます
だから
がんばる
健康第一
学校に合格!!
みんな元気にくらせますように

ゆき 何お願いした？
おもち
いっぱい たべれますように

じぶんが正しいかどうかについては、
じぶんだけで決められることはなさそうだが、
じぶんが誠実かどうかについては、
じぶんだけでほんとうの答えがわかるはずだと思う。

おかあさん
まだー？
ごめん
ちょっと待って

3、2、1…
10からかぞえて！
10 9 8 7 6 5 4 3 2 1
あ〜はやいはやい！
おかあさん！

ほら
すごくいいてんき！
ねっ

はたらこう。だれかのためと、じぶんのために。

冬の雨

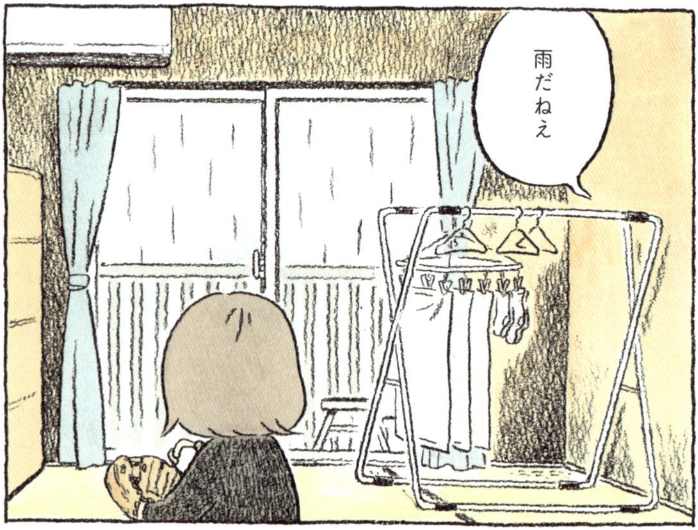

シュン
シュン
髪のびたね

しばる？
また短くする？
シュン
サー
んー
のばす

冬の雨はさみしいけれど、ときどき降ってほしい。
ずっと乾いていた空気がやさしくなる。

肯定的どっちでもいい

うーん
えらべない

たいへんに愛情にみちた「どっちでもいい」ってのは、
あるよ！

ことばがきれいなほうが

ねえ
せんせい
ないてる
しっ
卒業おめでと

…
じーんとするね

卒業おめでとう

ほんとうになにかを伝えたいというときには、
絶対に「ことばがきれい」なほうがいい。

とても当たり前のこと

ここで
おべんとう
たべたいね
うん！
みんなで
たべたら
きっと
すごく
おいしいよね

なんでだろうね

ほんとうに共有したり伝えあったりしたいのは、
「人にはこころというものがあってさ」というような、
とても当たり前のことなんじゃないかと、思った。

うーえーを
むーいてー♪

あーるこー
おーおー♪
なみだー
がー♪

こーぼーれー♪
ゆき
このまま
どっか行く？
ほんとう？
COFFEE
うん
このまま？
じてんしゃ
のって？

くるまに
のって？
おとうさん
のところ？
ばんごはん
どうする？
いいから
このまま
どっか行こう

おかあさん
やっぱり
おうちかえろ

…ゆめ…
ガチャ
ガチャ
おかあさん

ガチャガチャ
ゆき
おはよう

いいなぁ、「ハッピーエンド」って。
みんな、たぶん「ハッピーエンド」が好きだよ。

こどもの頃のはなし？
わたしあんまり覚えてないいんだよね

なんでもいいから！うんこ漏らした話とかないの？
ない
あるでしょ！
ほらほら
言わない
どうせ面白おかしく書くんでしょ
楽しそうな仕事だね
そっちは？
新しい仕事はどう？

みんな
いい人ばっかり
だよ
ザワ
ザワ

カラン
雪の
におい

もしもし
お母さん？
わたしってどんな子どもだった？
どうしたの急に

今日
聞かれたん
だよね
ともだちが
こどもの頃の話を
集めて記事に
するんだって
もう、
ばかみたいな話
ばっかり
そうだねえ
あなたは

やさしい子
だったよ

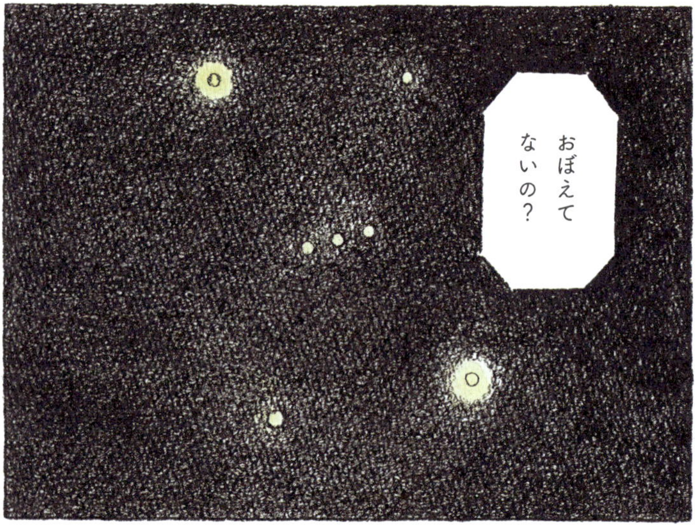
おぼえて
ないの？

一度言い出すときかなくて
ときどきすごくおかしくって
ねえ

ちゃんとごはん
食べてる?
バタン
ガチャ
カンカンカン
…

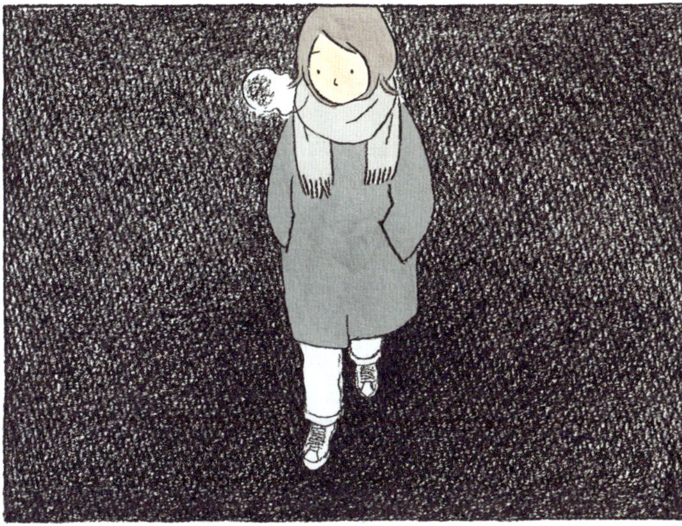

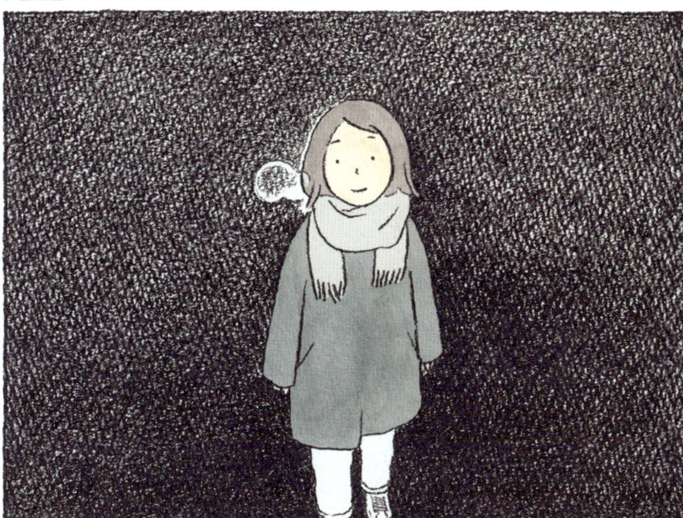

雪
降るかな

糸井重里のことばの出典（すべて発行・ほぼ日）

『小さいことばを歌う場所』p.28、40、76、106、190

『思い出したら、思い出になった。』p.68、98、134

『ともだちがやって来た。』p20、32、48

『あたまのなかにある公園。』p.44、130、224

『羊どろぼう。』p.16、24、88、170、198

『夜は、待っている。』p.60、72、102、114、142、154、186、208

『ぽてんしゃる。』p.80、110、118、182

『ぼくの好きなコロッケ。』p.56、84、138、162

『忘れてきた花束。』p.122、174、178、194、212、216

『抱きしめられたい。』p.146、158、202、228、232

『思えば、孤独は美しい。』p.220、236

『ボールのようなことば。』p.36、52、64、150

書きおろし p.96、129、169

ながしまひろみ

北海道生まれ。東京在住。
日本大学藝術学部デザイン学科卒業後、
広告制作会社等を経て、
メーカーでデザイナーとして勤務。
「ほぼ日の塾」第一期の自由課題をきっかけに、
2016年よりほぼ日刊イトイ新聞で
「やさしく、つよく、おもしろく。」の連載をはじめる。
現在は会社員として働きつつ、
マンガ・イラストのお仕事のほか、
cakes.muでマンガ「鬼の子」を連載中。

ひとこと

こどもでもなく親でもないこの時期に、
自分の中の「こども」と「大人」と相談しながら、
大好きな糸井さんのことばを描かせていただいたこと、
とても楽しく、幸せな時間でした。

やさしく、つよく、おもしろく。

二〇一八年十二月一日　初版発行

著者　ながしまひろみ

発行者　株式会社　ほぼ日
〒一〇七-〇〇六一
東京都港区北青山二-九-五
スタジアムプレイス青山九階
ほぼ日刊イトイ新聞
https://www.1101.com/

ことば　糸井重里
デザイン　名久井直子
制作　永田泰大　茂木直子　星野槙子
協力　斉藤里香　草生亜紀子

印刷・製本　株式会社　光邦

ISBN 978-4-86501-355-9 C0095 ¥1000E

日本音楽著作権協会（出）許諾第1811826-801号